CAMPO DE JARAMAGOS

ÆREA | *carménère*

Adolfo Gómez Tomé

Campo de jaramagos

ÆREA | *carménère*

Serie fundada por Eleonora Finkelstein y Daniel Calabrese
Edición al cuidado de Paco Najarro

CAMPO DE JARAMAGOS
Primera edición: octubre de 2025

© Adolfo Gómez Tomé, 2025

© Ærea, 2025

Un sello de RIL® editores
SEDE SANTIAGO DE CHILE: Los Leones 2258 • CP 7511055 Providencia
☎ (56) 22 22 38 100 • ril@rileditores.com • www.rileditores.com

SEDE VALPARAÍSO • valparaiso@rileditores.com

SEDE ESPAÑA • europa@rileditores.com

Maquetación y diseño: RIL® editores
Diseño de colección: Marcelo Uribe Lamour

Impreso en España • *Printed in Spain*

ISBN: 978-84-10248-71-7
Depósito Legal: GI 1667-2025

CERCA DE LO QUE IMPORTA

Basilio Sánchez

Impregnada de una densa atmósfera de melancolía, lo que persigue gran parte de la poesía de todos los tiempos no es otra cosa que el regreso a la isla que representa la infancia, a esa forma simbólica de plenitud que uno relaciona con el origen de los ideales y que se sitúa en la capa estratigráfica más profunda de nuestros sentimientos, allí donde permanece, resguardado del tiempo, lo mejor de uno mismo, lo más puro e incontaminado.

Nadie nace cosmopolita. En origen, porque la patria de la infancia es esencialmente aldeana, todos somos provincianos. Desear seguir siéndolo para permanecer cerca de lo que importa —como diría el poeta extremeño Ángel Campos—, es sólo una de las opciones por las que podemos decidirnos, pero que define una forma particular de ser y de escribir.

En *Campo de jaramagos*, una lumbre encendida, un poco de achicoria y un cántaro de leche consiguen construir, al estilo del poeta francés Francis Jammes, una poética sobre la memoria y sobre la añoranza de un pasado rural, de una existencia anterior no disociada aún de la naturaleza y el paisaje en la que todavía nos era posible relacionarnos cordialmente con las cosas.

En sus poemas, Adolfo Gómez Tomé no renuncia a la melancolía, a esos regresos silenciosos a los espacios elementales de la infancia que a la luz compasiva de las palabras se convierten en calles soleadas, en recintos abiertos en los que nada ha sido todavía disociado y en los que sueño y realidad constituyen manifestaciones de una sola presencia ilimitada, de una única manera de vivir. Ese mundo —«la ciudad de los dioses en la mirada de un niño», como diría el poeta Lucian Blaga— que aún no ha sido iniciado en el conocimiento de los misterios de la existencia, pero que vive inmerso en ellos sin saberlo y sin necesitar desentrañarlos. Sus poemas, que recrean escenas de su infancia en la población cacereña de Mirabel, rezuman apego por los objetos y los seres, por los lugares que en las prolongaciones invisibles de sus sentidos se vuelven habitables, por los acordes íntimos de una naturaleza que no ha perdido aún su capacidad de deslumbrarle. Un mundo que no existe, pero que de algún modo necesita traer a sus palabras, incorporar al núcleo de su propio lenguaje, y hacerlo sin excesos, sin gesticulaciones, con la doble humildad del que recurre a la escritura como consuelo, pero también como reencuentro, como reparación, como una forma de perseverar en los afectos que nos vuelven solidarios y humanos.

Igual que Lucian Blaga, él también vela para que no se apague este secreto, «este tiempo atrapado entre la flor y el fruto, este pequeño incendio oculto en el corazón del azafrán silvestre del otoño». Esa infancia que todavía lleva dentro y que es su único bien, la fuente de todas las cosas, a través de todas las estaciones, de todos los años, bajo todos los puntos cardinales.

Es posible que, como dice el poeta finlandés Gösta Ågren, la niñez no sea una porción de la vida, sino lo profundo que subyace bajo todo lo que después sucederá. Aunque tampoco pueda descartarse que sea parte de ella, pero esa parte a la que una extraña fascinación convierte en nuestra primera dependencia —como piensa Quignard— y nos obliga a regresar, una y otra vez, caminando sobre los propios pasos: «Nunca nos alejamos del todo de nuestras madres. Nos quedamos en las faldas del tiempo, de la lengua de los primeros días, de los alimentos descubiertos entonces, de las formas de los cuerpos y de las expresiones de los rostros experimentados en esos primeros momentos del mundo en nosotros. Somos como los salmones. Nuestras vidas están fascinadas por el acto en el que nacieron. Por su origen. Por la aurora. Por la primera aurora que nos descubrió la luz y nos deslumbró». «Miramos el mundo una sola vez en la vida —nos dice en un poema Louise Glück—. Lo demás es memoria».

No somos lo bastante lentos, y la vida que vivimos no hace más que confirmarlo. Deberíamos acordarnos de Juan Ramón Jiménez, cuando decía: «Si corres, el tiempo volará antes de ti, como una mariposilla de marzo. Si vas despacio, te seguirá el tiempo, lentamente, como un buey eterno». La poesía de Adolfo Gómez supone una forma de entender la escritura que apuesta por la indagación en uno mismo y por el diálogo respetuoso con la naturaleza. Algo que sólo puede llevarse a cabo desde el silencio, desde la soledad y, en oposición a lo que nos ofrece nuestra forma de vida en las ciudades, desde la lentitud.

Se ha dicho que los mejores escritores vienen siempre de lo concreto, de lo preciso, de lo específico; que alcanzar una voz universal en poesía deriva de la descripción de los orígenes de cada uno, de sus raíces íntimas y geográficas. Y yo creo que es así, que es sólo sobre una geografía privada, casi doméstica, sobre la que el poeta consigue levantar, a la manera de los miniaturistas, con la humildad y la naturalidad del que busca un sentido a su escritura entre los seres y las cosas que comparten su existencia con él, su particular cosmogonía.

En el fondo de cualquiera de los libros que me gustan hay siempre una celebración callada de la vida. Y uno mismo busca al escribirlos, parafraseando al poeta Francisco Javier Irazoki, que cuando alguien acabe de leerlos, sólo sienta el deseo de plantar un árbol. Este libro, *Campo de jaramagos*, es sin duda uno de ellos.

A mis hermanas, en el origen

Los jaramagos nacen en las escombreras
y con su flor amarilla alumbran la pobreza.

CAMILO JOSÉ CELA

To dwell in the gift of being alive.

DAVID STEINDL-RAST

INVOCACIÓN

Dame una ventana
con vistas a una calle tranquila...
O a un campo de jaramagos.
Dame una silla cómoda

y *una pobrecilla*
mesa de amable paz bien abastada.

Dame, ay, paz,
quietud,
soledad,
silencio   y tiempo
y tocaré el cielo con los dedos. O eso creeré.

Y llamaré a mi puerta con la aldaba
               donde (deslizado el cerrojo) espera la respuesta.

Y si todo esto falla,
déjame
sentarme en la pared de piedra
derrumbada.
Déjame al menos
sentir el aire enhebrado de abejas.

Con esto, te lo prometo, me basta.

Retrato de familia

Madre

La sala está propicia:
            ella, el chal sobre los hombros,
            ensimismada en el sofá.
            La labor
                        unas manoplas o unos patucos
            abandonada
                        viva, aún tibia
            sobre el cojín.
            Y el aire. El aire desmigajado
            con su mansa presencia.
Entras tú
con tus diez años.
Y te sientas a su lado
            al calor mamífero de su cuerpo
            a la piel suave, lo sabes, bajo la rebeca.
Detente,
detente un rato
sobre el vientre hinchado
                        en menopausia
de tu madre. ¡Te gusta tanto este momento!
Acerca la oreja
y escucha el gorgoteo intermitente
—ahora sí, ahora no—
de tripas

cierras los ojos —ahora sí, ahora sí—,
te sonríes sin que nadie te vea
y es esa música ventral   alvina
la que te transporta

hasta un lugar
en el que nunca nadie antes se atrevió a entrar.
Eres, ahí, ciego. Pero ves.
El verbo, la palabra no sirve ya. Es... otra.
No piensas. Percibes. Recibes.

[Once cigüeñas cruzan el cielo.
La mía no está.
La mía, muerta de sed, picotea sola la rastrojera enmudecida
y bajo las pajas de la mies encuentra a la madre muerta.
Grito delirante en el yermo desierto.
Que aparezca alguien, quien sea, en este instante,
o yo me muero.

                              Once cigüeñas cruzan el cielo]

Permaneces así mucho tiempo. Una hora. U once segundos.
¿Quién lo sabe?
Y, mientras tanto, ella no ha abierto la boca,
no ha dicho «Hola, vida mía».
No ha hecho el más pequeño movimiento.
Quieta. En silencio.   Y ese dulce respirar.

Y cuando levantas la oreja
del vientre hinchado
                              en menopausia
de tu madre,
el aire,
la luz de la sala (has abierto los ojos)
se te antoja
como nacida ahí dentro.

PADRE

La espalda inclinada de tu padre
se desdibuja en la penumbra de la cuadra.
(No brillan las luciérnagas aquí
como brillaban en la calleja de La Bóveda.
Las viste al subir,
en la pared de piedra,
entre la parietaria
y los ombligos de Venus)

Sentado en una banqueta
ordeña una cabra de mirada estoica
que se vuelve
cuando desciendes los dos escalones. Y entras.
                              «Al pelo me vienes»
Tu padre huele a tabaco y a estiércol
                              fragante
                              piensas
[igual, igual que la almohada donde duerme]
El hilo de leche golpea
el aluminio de la taza
en un arrullo monótono de espuma y caverna.
Así, hasta que rebosa.
La ubre, al apartar la mano,
            cuelga fofa como un globo desinflado. Ya inútil.
Y entonces él te mira. Y dice. Con sus ojos caídos,
con sus blandos ojos:
«Toma, llévasela a mamá antes de que se enfríe».

[Las cabras, no miento, tienen pupilas horizontales]

. . .

En la casa, la madre, con una cuchara sorbe
la leche de cabra recién ordeñada.
Un trazo blanco de espuma le oculta el labio de arriba.

Abuelo materno

[El caserón del abuelo
                      con vistas al monte
está ahora infestado de polvo y cucarachas muertas.
De nidos de avispones
                      ¡pulpa de madera masticada!
y goteras: ploc, ploc, ploc, dicen los cubos.

El olor, resulta difícil creerlo,
el olor, respira, huele
                      ahora que se abre la puerta,
el olor es el mismo, y son ya cuarenta años. Permanece.
¿Quién pudiera describirlo?]

Tras el baño en la garganta de Minchones,
merienda en la pradera de Marta,
Fanta fría, calamares en salsa americana, pan reciente,
tortilla de calabacín, melón o sandía…
Llegáis todos, 4L, cansados, alegres, a la casa del abuelo.
Al olor de los dondiegos.
Sabes que arriba espera. Y subes.
                      «Hola, abuelo. Hola, nieto»
Sentado en su sillón de mimbre,
las faldillas sobre las piernas,
camiseta, camisa de cuadros y suéter de pico,
es puro verano, la casa es fresca,
bajo el oscuro sombrero de fieltro
                      dormita.

Tras los párpados enrojecidos,
tras, ¿te acuerdas?, los velados ojos azules, el abuelo se va
quedando ciego,

                                       alguien dice
el rescoldo de una vieja canción,
«carpintero, carpintero, hágame Usté una cunita»,
el zumbido de una atávica quemazón...

«De las cosas de mi padre y de casa
                             no percibí nada.
Recuerdo haber visto toallas y otras cosas de hilo
que me hubiera gustado tener
                    algo
como recuerdo».
Algo. Y te lo hace escribir   te esfuerzas
de tu puño y letra. Él ya no tiene vista.
En una cuartilla cuadriculada
                   la misma línea tortuosa
con un bolígrafo BIC

y las victoriosas   banderas
de turbio, vidrioso fondo.
Desconsiderada
partición. El egoísmo y la ambición. Tú no comprendes.
Tú eres de otro mundo, te dijo.

Tu madre ha subido
con un cazo de manzanilla con anís. Endulzada con miel.
Y dos o tres galletas maría.
Una es para ti, eso es seguro.

ABUELA PATERNA

¡Pobre chorovitita!

La lumbre encendida, tú en un tajo de ordeño,
la voz de badila de la abuela
en el érase una vez, apunto la retahíla,
   al filo de su mandil:
«Carámbano, ¿por qué eres tan fuerte
que quebraste la patita de la chorovitita?»
    Briznas de achicoria en los dedos,
    sobre el rescoldo un puchero
    hirviendo
    castañas en leche burbujeo
    que canta y que cuenta:
«Más fuerte es el sol
que me derrite».
    El efluvio de la leña quemada,
    de la fruta cocida,
    de los anises.

    Se cuaja, poco a poco, en la cocina
    la luz azafranada.

Aquí el miedo, así lo sientes, se funde
y luego, se desvanece.

La abuela se ríe, a carcajadas. ¡Pijota, que me clavé otra!
A pesar de la muerte. La abuela es tan fuerte.

La abuela relata, la abuela recita.
Con el mandil limpia el cuchillo de la achicoria.
Pica el pan duro para las migas.
Atiza la lumbre con las tenazas… chispas de Cristo.
Se santigua. Reza tres credos para el puchero.
Se tira un pedo, la abuela está sorda
y no se entera.
De la manga, se saca un moquero y se suena los mocos.
(Tú, un día, te measte encima
hasta los calcetines,
se lo dijiste a la abuela y no pasó nada)
Prueba las castañas con su boca desdentada,
añade azúcar
        el azucarero de aluminio rosa
        con pomos de plástico negro
        vuelve al vasar, sin tapa,
        y la cuchara dentro,
va a la pila, en un rincón oscuro, húmedo,
coge el fregón y friega un plato. Dos. Una cuchara de palo.

La abuela se sienta en el escaño. Suspira. Se atusa el moño.
Mira su obra   las castañas cocidas
        la ensalada de achicoria
        las migas
y termina el cuento:
«Más fuerte es la escopeta, que me mata, dijo el buey…

[Y tú, corrido el tiempo, ahí sigues, ¿te ves?
Junto a la lumbre, sentado en el tajo de ordeño]

Hijo

[Hablo bajo para no distraerte,
para no romper el encantamiento,
para no arruinar el instante sagrado, eterno]

Una luz horizontal de finales de junio —no hay escuela—
se derrama desfallecida
sobre el vertedero.
Y al otro lado, sobre la charca. Y más allá, lo intuyes,
sobre la vía.
El triángulo prohibido.

Atardece. Y tus amigos se han ido
                culebreando, uno tras otro,
                a cenar. A casa.
Estás solo. Miras atrás ansioso…
                Alguien con su burro, calle arriba, pasa. Y luego
                una vieja de luto, con prisas.

Te atreves. Sobrecogido, como el que asiste a un misterio,
barruntando, de fondo, el funesto cascabeleo
de la Rueda de la Fortuna:
Una maleta entreabierta, vacía, parece,
el esqueleto de una silla sin asiento, con tres patas,
una muñeca descabezada,
una cabeza perdida,
la piel despellejada de un conejo, una raspa, cáscaras de
huevo, la cámara flácida de una bici, un triciclo roto,
un cacho de soga
y ahí oculto, algo brilla, un bolindre de cristal
                        ojo de gato, amarillo,
te agachas,

lo coges, lo limpias en las calzonas, y así, en cuclillas
lo guardas en el bolsillo...
también un tubo de Hibitane, una botella de La Casera,
y una casete con la cinta fuera, despendolada,
hojas arrancadas   de un tebeo, Pepe Gotera y Otilio.
Un cenicero de Cinzano, ¿qué es Cinzano?
Chapas, decenas de chapas, cajetillas de tabaco. Algo que
parece la cresta de un gallo, plumas blancas de gallina.
Las moscas. El hedor.
El cuerpo.
Y ahí te paras. En seco.

Es demasiado, piensas, te asfixias, ya basta,
no puedes, no quieres   poder con tanto. Eres un niño.

Recoges tus ojos del suelo
y miras el muro de piedra
que cerca el vertedero,
hecho, ay, con manos de hombre   pizarra, cuarcita.
A su vera, sobre los escombros, como en un milagro,
brota, florece, el amarillo encendido
de los jaramagos. A cientos, a miles.
[Estás de espaldas, algo lejos,
y aun así distingo nítidamente tu temblor,
este incesante estremecimiento. De miedo. De plenitud]

Las ranas de la charca, escucha, cantan
a las sombras,
inflando sus papos traslúcidos
te miran   algunas   vas
                    saltan a las lanchas oscuras del lavadero
                    aún tibias
una parpadea, sin duda asintiendo,
y vuelve al agua y se oculta

su verde bajo el verde terso de los limarones
bajo el negro de las sanguijuelas.

Se está haciendo de noche deprisa.
Presientes, Dios mío, la vía, a unos metros,
y más allá las higueras, y los olivos,
y luego las rastrojeras, los campos solos, y los montes
y las encinas.
No hay nadie

¿Y si te acercas?   Te acercas

Sobrevolando vertiginosamente las líneas paralelas
de la vía,
en un silencio sideral,
oyes pasar el alarido desolado de la madre
                    [que aparezca alguien]
                    [que aparezca alguien]
te pones a gritar con ella. Tú también desolado, deshabitado.

La quieres tanto.

Corres de vuelta   ¡como alma que lleva el diablo!,
la calleja empedrada entera te jalea
                    marica
                    piel de gallina
                    capitán de las sardinas
hasta que ves, ahí ya, muy cerca, tu casa iluminada,
a través de la ventana que da al salón:
tu padre, tu madre, tus hermanas,
el sofá, las espigadoras de Millet, la tele, la mesa puesta

y la lámpara en el techo
desprendiendo luz amarilla por toda la escena.

Empujas la puerta   «Llegas muy tarde»
Compruebas que el bolindre sigue en el bolsillo.
Todo queda, felizmente, en calma.

Hermanas

El calor se coagula en la sala de estar. Pánfilo.
Hay un silencio grumoso, pegajoso
                 el papel de unas páginas
                 un roce de piernas
                 un cambio de posición
                 un carraspeo, un bostezo aislado.
                 Alguien se rasca.
Y desde arriba llega apenas el ronquido monocorde
de los padres durmiendo la siesta.

Aburrido, has dejado los clicks
desperdigados sobre la manta trapera... el click pirata
vencido bocabajo.
Te sientas en el sofá junto a una hermana.
La otra, en un sillón, hojea, perezosa, unas *Selecciones*.
A veces se levanta, va silenciosa a la cocina,
al rato vuelve. Mastica algo.

Pasa un moscón. Nadie coge la paleta de las moscas.
Otro carraspeo.
Apoyas la cabeza en su hombro.
Te hurgas la nariz. Mueves nerviosamente una pierna.

«Pues, señor, que era vez y vez
de una vieja, más vieja que el modo de llover...»
Tu hermana tiene el libro granate entre las manos
y ahora lee, por enésima vez,
«más fea que pegarle a su padre...»
viviéndolo, poniendo voces, requiriéndote,
la historia de *Pelusa* del Padre Luis Coloma.

A ti te hechiza, te transporta.
Sólo existe el cuento. En ese instante. Y tú en él.
En él.

      Mira a tu alrededor
      y verás
el angelito que juega a los pies de la Virgen
con un manojito de flores.
Y tú, te lo pides, Pelusa, Pelusa.

De repente, se para, deja de leer,
justo en la parte de los pellizcos y alfilerazos,
de las matitas de albahaca y alhucemas.
Del unto con que las brujas vuelan.
¿Qué pasa?

Vuelven los grumos del silencio. Uno por uno.
¡Calla!
Los cien tomos de la Enciclopedia Espasa os contemplan.
El moscón. Lo sigues con la mirada. El chicle. El roce

y unos pasos arrastrados ahí arriba. Blandos.
Se cierra el libro. De un golpe.
El calor.

.   .   .

Y a la noche, «Adol, ¿te canto?»

Este incesante estremecimiento

El Risco

El frescor de los juncos junto al charco,
de la hierba mordisqueada por las cabras
a su paso diario por la ribera   hacia la majada,
la sombra benigna, oreada de los alisos,
la mora madura en la zarza y en la zarza la tela y su araña,
te fijas, con hilos de seda.
El silencio del molino abandonado, en la otra orilla,
donde canta un pájaro.
El trasmallo esperando
                              atravesando lo profundo.
Y aquí y allá las voces y los cuerpos   esparcidos
y muy cerca de ti el tuyo propio, sin vello,
tu cuerpo de nene
todavía húmedo   casi desnudo
tras el baño de la tarde.
Una gota de agua se desliza por la barriga
y se queda en el ombligo. Donde empieza el bañador.

¡Qué tristeza de molino!
                    Lo imaginas hace años,
                    el agua recorriendo su interior,
                    vivificándolo, el movimiento, el sonido,
                    contentos los molineros.

«Una, dos y tres».
A la de tres, los padres, los hombres, uno a cada lado,
alzan el trasmallo sumergido. Ves, durante un rato,
agua verde pingando, centelleo de peces ensartados en la red.
Lo traen

y lo extienden cuidadosamente sobre la orilla,
como el que pone un mantel limpio,
      manos con pelos, manos con sortijas
      dedos flacos y gordos
      uñas mordidas   las de tus primas, las tuyas
desenredan los pececillos con ternura, sin destrozarlos,
ay, Dios,

y al cubo de plástico azul   unos sobre otros
                      hojas de olivo caídas
                      plata sobre plata
                      oro sobre oro
y ahí, dando pequeños saltitos, boqueando,
se diría que quieren deciros algo,
el redondel de sus bocas mudas, de sus ojos sin párpados,
mueren, poco a poco, por turnos.

En la casita de campo encalada, sentadas en el poyo,
aguardan ya las madres (¿la tuya no?) con las tijeras
                empezando siempre por el ano
                «por el agujero del culo»
y destripan y lavan y limpian.
Y el plato con la harina, y el aceite, abundante, en la sartén.
Hirviendo, bien caliente.

Tú te alejas de repente de la gente. Hacia los riscos.
Acaricias las heridas de una higuera. Coges un higo maduro.
Lo comes.
Te sientas a su sombra en las raíces.
De la rodilla te arrancas despacio una postilla reseca.
¡Qué gusto!
Sangra un poco.

El primer violero de la noche se te acerca.
Sobrevuela, impertinente, tu cabeza. Tu flequillo.

Alguien te llama.

NOCHES

Tu cama de ochenta centímetros
en algún rincón del dormitorio   y tú en ella
                    a solas, a oscuras
                    la sábana revuelta
                    el frío   sudor
                    los ojos abiertos al vacío
el lugar más inhóspito del mundo. Tu cama.

De los pomos del armario gotea sangre oscura sin ruido,
                    sangre de Cristo, sospechas,
                    un crucifijo líquido, grana.
«María, dame las asaúras que me debías»
                    hígado, bofes,
                    entrañas
«No me voy, no, que agarrándote de los pelos
estoy»   aquí   en tu cama
                    [Yo no soy María
                    y tú no eres el Hijo de Dios]

El chirrido de la lechuza del campanario   sssssss
impone silencio.
A todos. Gira, imaginas, su cabeza blanca 360 grados.
¿Cuánto es eso?
Y repite ese ululato espeluznante [sublime] 10, 12 veces.

«¡Reza a las ánimas del purgatorio!»

Te levantas y, descalzo, vas temblando al cuarto
de tus padres,
exageras en la puerta entornada el gimoteo. No te oyen.
O te oyen y no quieren saberlo.
Al menos, un chasquido de la lengua,
un «¡ya está la breva!», te han oído,
un «hijo mío, todas las noches lo mismo».
«Es la lechuza de la torre», le dices, «que no se calla».
Sssssss. Tu padre   «como tuviera una escopeta...»
se aleja y se pierde   en lo oscuro, en lo frío

Tu madre, en la cama grande,
te hace un gesto con el brazo.
Te acercas, te acuestas a su lado, te arropa
                    al calor, sí, mamífero de su cuerpo.
Dejas de temblar. El corazón se amansa.
Tu parte de la almohada, ya lo sabes,
huele a tabaco y a estiércol.
                    [fragante]
Te pone ella la mano en el vientre
                              bendito es el fruto
                              flor de serafines
                              dulce compañía, sssssss
y con dulzura   te duermes.

LA TIENDA

Desde que la puerta verde se abre
de madrugada, con el día, para la llegada del pan reciente
                                        aún caliente
la casa de la abuela
es un afán alegre de mujeres
que nunca termina. Hombres, pocos, muy pocos.
            El panadero contando los panes que entrega
            dos, cuatro, seis, ocho…

Te gusta, los sábados, ya desayunado, perderte en ese trajín
                                «¡Señora Vitoria!»
de voces (la abuela está sorda). Colores, ruidos, olores.
Y a media mañana, con «las once», los sabores
de la fresquera: el tomate frito, los torreznos…
La sed. Alguien que bebe del barril
            [el regusto olvidado del barro en el agua]

Tía Cefe a por un cuartillo de leche   de vuestras vacas.
La Fidela a por el pan. Tres. Poco cocidos. Bien blancos.
El rojo del pimentón en el saco. Y el olor.
Y colgando del travesaño los mazos de tripas
para hacer chorizos, y los pezoleros en madejas, para atarlos.
La Enedina y Tía Petra a por una docena de huevos, la Piqueja
toqueteando los tomates,
un quilo, «¡corrío!», para la cabrera,
una forastera, no la conoces, acercando la oreja a un melón,
y el Grillo, impaciente, con los cinco duros
golpeando el mostrador   para hacerse oír.
Doña Julia, la maestra, a por chocolate de hacer,
la Muda haciéndole ascos a las cebollas, Marcial regruñendo,

un rumor, a media voz, sobre unas lindes, una maldición entre dientes,
algo de una cochina parida, o de una chiva extraviada.
La Marcianina a por… qué cabeza, no se acuerda,
y Juan Loba y su boina, cosa rara, comprando miel
                    de vuestras colmenas
                    hechas a mano, de corcha.

La abuela saca de la tinaja el cazo rebosante   ámbar
y lo vierte silenciosamente
en la jarrilla que poco a poco se llena. Se chupa el dedo.
Juan Loba paga, dice adiós, coge la miel y el bastón, sube
al umbral   y desaparece.

Se vacía y queda tranquila
durante un rato
la casa. Un respiro. El vuelo de una mosca. El tictac del reloj.

Bajo la escalera oscurecida que lleva a la troje, te fijas,
espera una cubeta de madera con sosa para hacer jabón.

«¡Señora Vitoria!»
La Rosa Pita.

ROPA TENDIDA

«Lavo esa ropa mientras piensas».

El barreño, sobre el taburete, rebosa de ropa sucia.
Asoman, los bajos con restos de boñiga de vaca
de un pantalón de tu padre,
una combinación color carne de tu madre,
unos calzoncillos tuyos, unas bragas grandes,
una faja de perlé.
Y encima de todo
un trozo desgastado, lustroso, de jabón Lagarto.

Vito, vuestra criada,
se remanga, coge el barreño, empuja la puerta del corral
con el codo,
sale,
deja la ropa sobre el fregadero
y abre el grifo de la pila. Espera.
Los brazos en jarras.
Se sorbe los mocos. Coloca un mechón de pelo
tras la oreja.
Te mira un segundo. Tú en la cocina, a la mesa.
Tras los cristales.
«Vamos, piensa». Grita.

El agua ya suena a llena.

Ella afuera. En el corral. Al frío negro del mes de enero
cierra el grifo. Se calla el agua. Y tú. Y ella.

Luego friega y refriega. Restriega. Jabón. Nudillos. Agua.
Agua turbia.

Una prenda tras otra. Sin descanso. Sin una queja.
Reclinada, codos, greñas   cadencia
sobre el fregadero, como queriendo sacarle todo el jugo.
Agua turbia. Agua. Agua clara.
Aprieta. Palma. Retuerce. Escurre. Doblega. Extiende.
Sacude   cientos de gotas diminutas vuelan
y tiende.
Meticulosa. Sobre la cuerda verde. Pinza en los labios.
faja   pantalón   combinación   calzoncillos   bragas

El sol de invierno atraviesa las hojas del limonero
y descansa en su pelo.
Miras, en su pelo, ese al alimón de luz y negro. Es guapa.
Tiene diecisiete años. Tú diez, si acaso.

Entra en la cocina
y trae con ella
el olor a limpio de la ropa tendida, del jabón Lagarto.
Te hace una caricia
con su mano lívida de frío. Mueve apenas los dedos.
Una sacudida te recorre todo el cuerpo.
«¿Aún andas así?». Y se sienta a la mesa.

Avanzas un peón negro.
Ella desaprueba con la cabeza.
Lleva su alfil a algún lugar del tablero y dice:
«Jaque».

Ahí fuera, tendida en la cuerda verde,
        ondea la combinación de tu madre
        acunada por el viento.   [Mamá, bájame de aquí]
«Jaque mate».

ENCARNACIÓN

Desde muy temprano
las brasas anaranjadas, incandescentes dormitan
bajo la colcha gris de las cenizas.

Mañana de Jueves Santo:
en la iglesia, la abuela, alta, subida a un banco,
riza, con las tenazas caldeadas en el brasero,
el pelo largo, larguísimo del Nazareno.
Y lo hace como el que reza,
seria (ella que siempre ríe), callada,
con un esmero que nunca tiene,
con un asombro trémulo en los brazos.

Luego (y este es tu momento)
le quitan el hábito viejo y,
durante unos segundos, hay que darse prisa,
el Cristo queda desnudo
ante tus ojos
        sin bulto genital
ante tus acorralados ojos
            sin ombligo, sin pecho, sin pezón
con una capa traslúcida de pintura gris
que lo enturbia todo…
A las manos, te das cuenta ahora con espanto,
preciosísimas   manos de un dios
a los pies, acaso de tanto y tanto besarlos,
les faltan trozos
dedos rotos   falangetas   metatarsos
que nadie sabe adónde han podido ir a parar
           «¡A saber!»

desperdigados, ocultos, imaginas, en cajones de mesillas
de noche
por todo el pueblo
(como el mechón de pelo de Jesús Nazareno
que hace tiempo te dio la abuela, chis, envuelto
en papel de periódico: «aquí, llévalo siempre contigo»).

El Cristo, todo este rato,
ha estado quieto, muy quieto, desnudo, mudo.
No te atreves a alzar la vista
y ver   boca entreabierta   sangre   corona de espinas
su cara de sufrimiento   por ti.

Le ponen, sí   alguien levanta desde atrás la cabellera
el olor del alcanfor
camisón limpio de hilo, túnica púrpura y oro, cíngulo

y la cruz
atornillada
sobre el hombro izquierdo

y las docenas de calas traídas de la huerta

y del monte la escobera blanca.

.   .   .

Un día, piensas, antes de abandonar la iglesia,
un día, sin que nadie lo sepa,
tienes que tocar su cuerpo —seguro— duro, frío.
Un día. Bajo el hábito, la nalga, la cadera.

PASEO

Ascendéis por la curva cerrada hacia el este
y al llegar a lo alto del repecho
                              cetrina bocanada de eucalipto
se abre ante vosotros
toda la dehesa, y aquí y allá, el monte bajo revivido.
El cielo.

Tu madre te agarra de la mano, te lleva,
te enseña, veis la flor de jara y el tomillo. La escobera.
Amarillo, morado, blanco. Y las cinco llagas… de sangre.

No se resiste y entrega al aire
su poesía de la fuente del Risco   Era blanca aquella tarde…
La perrita que os acompaña, blanca, blanca y canela,
mientras tu madre recita,
juguetea, sin malicia, con una lagartija, entre la maleza.

Da fin. Se hace el silencio. Y a lo lejos, a poniente,
suena un tren: «Salve, ferrocarril».

Seguís, los tres, camino por el asfalto negro
que serpentea,
                              por la derecha,
sin daros cuenta.
Atrás, a vuestras espaldas, queda La Peña del Acero,
oscura y latente entre los alcornoques
                              también florecidos.
Mira, parece que os mira alejaros
serpenteando por la margen derecha
de la carretera.

Corretea, alegre, la perrita. Mueve la cola. Contenta.
[¡Se la veía tan contenta!]
Dando saltos, sonriendo. La llamas, Peque, viene, se va.
Vuelve.
Tarde maravillosa de primavera.

No oís el ruido acercarse. Opaco. Por detrás.

Sí oís el golpe sordo. Lo oyes.
En la cabeza. Y oís y veis al coche
perderse —¡era verde!— en la próxima curva.
Sin un frenazo. Ajeno a la muerte.

La perra ha quedado tendida en el suelo.
Como dormida no. No. Le tiritan levemente, espantosamente
las patas de atrás. Los ojos abiertos petrificados
mirando no se sabe dónde, piedras.
«¿Qué me está sucediendo?»
Ni una gota de sangre. Y ahora el temblor en el pecho.
¿Y la respiración? ¿Dónde está?

No está ahí tu madre, cuando levantas la cabeza.
Como en un sueño, la ves correr asfalto abajo
envuelta en un grito de dolor [Munch]. Las manos
en los oídos.
Miras a la perra moribunda, o ya muerta. ¿Quién puede
saber eso?
Dudas. Vas tras tu madre. Está tan lejos. Y ella se da la vuelta
como sintiéndote
y te grita… ese pavor por toda la cara
«No la dejes ahí. Apártala».

Apártala. Te detienes. Dudas. Y te vuelves y llegas
con un hormigueo desabrido en los brazos

No la puedes tocar. Así no.
Con el zapato empujas   pesa, pesa demasiado
su cuerpecito intacto
y cae retorcida a la cuneta
en un escorzo extraño, imposible. No se queja.

La dejas así.

Al pasar por el lugar de las vistas
ves a la jara de las cinco llagas compadecerte,
ves al tomillo inclinar vergonzosamente la cabeza.

Y tu madre, pequeña, abajo, casi en el pueblo.
Aún, apenas se escucha, el llanto.

.   .   .

La habrías llevado en tu regazo.

PAN ÁCIMO

La hilera de mujeres esperando a comulgar
casi llega al fondo en penumbra de la iglesia.
Miras sus rostros y sus ropas. Ninguna se repite.
Te entretiene.
Su manera de avanzar muy lentamente:
El Cuerpo de Cristo.
Amén.
Pasitos interrumpidos, breves. Rebeca azul marino,
                    falda larga,
                    mejillas encarnadas,
                    chal,
                    labios pálidos de cera, amén,
                    pañuelo y zapatillas negras,
                    nariz bruñida,
                    un hombre, Angelito,
                    leotardos con agujeros. La tuerta.
Te entretienes.

Don Miguel a tu lado, oblongo, con el copón
                    el Cuerpo de Cristo, lo alza,
                    fulgor dorado que deslumbra
sacando las obleas una a una. Estáis sobre el escalón.
Tú con la patena, por si acaso.
La gente abajo. Abren la boca. Lengua húmeda. Roja. Blanca.
Un amén que apenas se escucha.

A ti, tu sotana grana de monaguillo
cien botones
te lame los pies desmayada.
Debajo, ahí sigue, el peto vaquero

se queja. Te aprieta,
te pellizca en algún lugar de la entrepierna.
El Cuerpo de Cristo. Amén.

Y de repente, ya casi lo habías olvidado,
como una descarga eléctrica, entre las últimas de la fila,
la ves. No puede ser. Ves
su cara redonda e inflada, inconfundible. Apretada.
Su inconfundible pelo ralo, lacado. Teñido
de un marrón desleído.
La papada. Está seria, muy seria. ¡Aparta la mirada
inmediatamente!
Que te trague la tierra.
¿Y adónde mirar cuando llegue?
El Cuerpo de Cristo. Amén. No queda tanto. Se acerca.
¿Adónde?
«Chon, tía gorda, o nos devuelves los libros...»
La patena monda en tu mano de niño
comienza a temblar. Amén.
Eso le escribisteis, «Chon, tía gorda». En una hoja
pautada de tu cuaderno.
Y en bicicleta, un mayor de sexto, encapuchado,
se la llevó hasta su puerta. «Chon, tía gorda». Y llamó.
Y salió corriendo. «Firmado: tus alumnos de quinto».

¿Adónde?   Miras... a tu izquierda,
al cuadro en relieve de las ánimas benditas del purgatorio,
hombres y mujeres desnudos
penando, clamando   los brazos vertidos hacia el cielo
en un mar de llamas. Rojo, muy rojo.
Alguien. Uno. Parece. Se salva.

Está frente a ti. Oyes, de reojo, su fatiga infartada
y a duras penas, rueda de molino, le acercas a la papada
la patena.

Doña Asunción, tu maestra.
Imaginas cómo abre la boca y cómo, luego,
entorna los ojos
y saca la lengua. Recibe la Hostia. Se pega. Y traga poco
a poco.
Se aleja ya —respiras, miras— Doña Asunción caminando
con las piernas muy abiertas.
Deja tras de sí un ligero olor a pis
y a algodón de azúcar. No, a laca.

La Vaca que ríe

Estás solo, a media luz,
en la cocina del chalé de Pozuelo de tus tíos.
En el aire, todavía, un olor desconocido
a patata cocida. Delicioso.
Te tiembla un dedo. Y una rodilla. Tus salpicaduras de pis
quedaron   imborrables
en la funda de felpa de la taza del váter.
¿A quién se le ocurre orinar de pie?
Retrete. Inodoro. Ahí
olía a toalla y la toalla al agua clorada
de la piscina. Privada.

Te acercas sigilosamente a la nevera,
            tus tíos duermen la siesta en su dormitorio
            de matrimonio,
            tus dos primos
            en sus cuartos, las puertas cerradas,
            están absortos en la lectura
            de algún libro en inglés, ¿*The Gods Themselves*?,
            o en la resolución de un logogrifo.
Estiras el brazo y
sin creerte lo que está sucediendo
—el deseo es muy grande—
abres.
Suelta un resoplido el frigorífico
y escupe un vaho frío y traslúcido, y luego se queja
en un gemido agudo de tripas molestas.
Te asustas. ¿Os habrán oído?

No.

Una luz escondida al fondo a la derecha
alumbra amarillenta esa maravillosa cueva de Alí Babá,
y entre el fuagrás y el camembert,
entre la piña en almíbar y las agujas de atún
del Corte Inglés,
te llaman impacientes
los quesitos en cubitos de La Vaca que ríe.
La vaca, es cierto, te sonríe.
Sabes que no debes hacerlo. Sabes que eso es robar.
Así, a escondidas. ¿Y si te pillan?
Y aun así, y con todo ese peso encima,
coges un dado, coges un quesito, uno que está un poco
suelto,
le quitas el papel de plata
y ahí mismo (iluminado por la nevera
como en una pintura de Fra Angelico)
te lo metes en la boca. Se funde. La vaca, es cierto, sonríe.
Y luego otro. Y otro. Tres. No puedes evitarlo. Lo notarán.
Quedan los huecos vacíos en la caja rectangular.
Cierras el frigorífico.

En el puño de tu mano izquierda
agarras ahora fuerte los envoltorios   cuerpo del delito.
Te pierdes por el pasillo.
Sin rumbo.
Uno de tus primos canturrea
tras la puerta.
No se te va, a ti, el regodeo de la lengua.

Unción

Tu padre exangüe tumbado boca arriba
en la cama de su madre, tu abuela.   [Esa es la imagen]
Vestido. Tu abuela le quita los zapatos, le toca la frente.
Lo arropa con la colcha de raso rojo adamascado.

Te dice que te vayas. Que está bien.
Que Marcial corra a buscar a tu madre.
La bombilla pelada de veinticinco vatios
agoniza, te das cuenta, colgada del travesaño.

Vuelves a la cocina con tu prima. A la lumbre.
                                    Al tajo de ordeño.
Os entra la risa: chispas de Cristo.
No se te va de la cabeza tu padre incoloro.

Y luego los pasos de unos y otros
a la alcoba, los susurros, las preguntas, los suspiros.
Alguien descuelga el teléfono
en el aparador de la salita. Y habla.
En la cocina, los platos de loza, los tenedores, los cuchillos
por una vez, callan. Solo la leña crepita. Y el fuego sopla.
Todo es extraño. Os vais, tú, tu prima, a la calle, a la puerta,
y al pasar por el zaguán, entre la leche y las tripas,
veis en la salita
a la abuela sentada (ella que apenas se sienta),
la cara desbaratada, el hilo del rezo
muy fino entre los labios: bondadosa misericordia.

La noche estrellada en la calle se arrice de frío.

Se oye a niños jugar. Lejos. Es Noche de Reyes.

Llega al rato don Cándido
con su maletín, una prisa chistosa en los pies.
Se sube las gafas con el índice, os da, ronco,
las buenas noches.
En la torre de la iglesia, miras arriba, no hay lechuza,
no macha el gazpacho la cigüeña.
Y las campanas quietas, muy quietas.
Y retorcida, asomada al precipicio, la higuera
que brotó en la piedra, sin hojas. Tu prima te da un codazo.
Sale don Cándido hirsuto, y tu madre detrás,
murmuran cosas a trompicones.
Y al poco
            en lo alto ya solo las estrellas mudas
vuelve tu madre con don Miguel. El cura oblongo.

Entráis tras ellos. Nadie habla. Nadie se percata.

Entre los cuerpos verticales de los que allí están,
como el que mira a través de un bosque,
vislumbras a tu padre   horizontal
                              el dedo gordo de don Miguel
haciéndole cruces. En la frente. En las manos. Reza algo.
No se oye. Tu hermana te agarra del hombro
y te alejas   santa unción
            en la puerta ronronea una ambulancia.

[Sería una noche de otoño. Yo, con cuatro o cinco años.
El barrunto de la lluvia en el viento, eso sí lo tengo.
Volvíamos los dos, calleja abajo, de la cuadra del Palacio.
Allí quedaron la cabra y las vacas, recién ordeñadas. De
repente cayó a bocajarro una tromba de agua, larga,
violenta: Mi padre abrió su abrigo, me cogió en brazos

y así, tapadito, a cubierto, me llevó. Hasta casa. Quise
quedarme ahí dentro⠀⠀⠀⠀⠀en el abrazo. Mucho tiempo.
A salvo. Impregnado, ungido para siempre, de este olor.
Irrepetible. A padre.⠀⠀⠀⠀⠀⠀⠀⠀⠀Este es mi recuerdo]

Y el tuyo.
Lloras, se te caen las lágrimas de los ojos.
⠀⠀⠀⠀⠀⠀⠀⠀⠀⠀⠀Una tras otra.
⠀⠀⠀⠀⠀⠀⠀⠀⠀⠀⠀Intentas agarrarlas.
En el bolsillo el bolindre. Lo aprietas. Gira, gira la ambulancia.
Pasa un gato.
¿Qué te pasa?
«Papá»
Atinas a responder. Es tu hermana la que pregunta
y la que ahora te dice
«Pero, tonto, ¿no lo sabes?, ha despertado».
Le ha vuelto el color.
El color.⠀⠀⠀⠀⠀⠀Viste el Rey ropas brillantes...

En la casa de la abuela. De las paredes, del techo
brotan, hierba creciendo, los sonidos.
Habla el barril, el pimentón, la sosa, los pezoleros.
Habla, sí, el reloj de pared,
la fresquera, el azucarero, los platos, los cuchillos.
Y la bombilla de veinticinco. Entras.
Y la colcha roja que cubre a tu padre. Que te mira.

Y tu madre sentada en la sombra.

MARICRUZ

De la casa de la Amelia, la pescadera,
            —te avisa el soniquete de las cortinas de plástico—
sale ahora Maricruz
con sus zancadas diligentes, algo vertida hacia adelante.
«Hola, Adofito».
La voz fuerte, generosa, pregonera. Un poco gangosa.
«¿Adónde vas con la pesca?».
«Pa la Señora Vitoria. Cachos de pescadilla congelá. Cinco».
Su mirada de niña en cuerpo grande y viejo,
sus ojines, tristes y alegres a la vez,
reptan un palmo por encima de tu cabeza
y durante unos segundos se pierden en el cielo.
«Y dos sardinas. 55 pesetas».
Del cucurucho de papel de estraza asoma, el ojo abierto,
la cabeza plateada de un pez. Con la otra mano, Maricruz,
quiere abrocharse el último botón de la chaqueta
de punto. Lleva falda. Sin mancha, libre de culpa, sin pecado.
«A mí no me gusta el pescao». Le dices.
«Estás apañao», contesta ella presa de su media sonrisa
desdentada.
Y con esos andares suyos (¿la ves?)
sigue su camino hasta la casa
de la Señora Vitoria, tu abuela.

[A Maricruz, esto sé, le gustaban los caramelos, ¿a que sí? Y
los collares de perlas y los pendientes de aro y las pulseras,
muchas… si había que ponerse guapa, un domingo, o un
día de fiesta. Le gustaba hacer recados, ayudar a la gente
de repente. Acompañar al que estaba solo. Y lo hizo toda

su vida, sin que se notara, sin proponérselo, simplemente lo hacía. Simplemente. Casi nunca salió del pueblo, siempre trajinando esas piedras, disponible. Cariñosa. Pocas veces se quejó. Murió prematuramente a finales de un noviembre en una residencia de ancianos... sin dejar nunca de ser niña. Víctima de un virus. Las calles de Mirabel quedaron huérfanas, y así siguen. Sin Maricruz.

Descansa en paz. Fue una suerte tenerte]

Gallinas submarinas

Dos patas en cada mano. Amarillas. Frías.
El repelús de las escamas.
Los dedos con sus uñas afiladas que no quieres mirar.
Las plumas marrones, naranjas
de las alas un poco abiertas, inertes   su roce desamparado
eriza la piel desnuda de tu pierna   carne de gallina, ay.
Llevas [no lo he dicho] un peto blanco de pata corta
y el pelo cortado a tazón.
Y vas, ya tuerces la esquina de la casucha de la Amparo,
por esas calles de Dios (el escarmiento)
con una gallina muerta
de cada mano. La cresta exánime. Las mataste tú.

Jugabais, solo era eso, tú y tu prima,
al circo de las gallinas voladoras,
al circo de las gallinas submarinas:
encaramada, ella, al tejadillo de uralita,
tú abajo, el barreño de agua sucia a los pies,
volaban, es cierto, las gallinas hasta lo más alto
            por encima, a veces, del negro de las brevas
            y del verde tembloroso de la parra
para, como torpes meteoritos de trapo,
estrellarse al poco contra el suelo duro,
entre vuestras carcajadas explosivas, francas
y el aplauso fantasmal del público:

«Aplaudan, aplaudan ahora a la gallina submarina…»
Ese eras tú.

Y, concluida la función,
se alejaban tambaleándose, entonces,
chorreando agua pútrida por el pico y por la cresta.
Las plumas empapadas.
Se escondían, otras, cacareando atolondradas,
bajo el sombrajo medio caído del gallinero.

Coges por fin la cuesta hacia la casa de la abuela. Pesan.
El Prisco, holgazaneando a la puerta, un palillo en la boca,
te sigue con la mirada un buen rato
                                        «Las maté yo»
Luego, sin mediar palabra, escupe el palillo
y se mete dentro.

                    .   .   .

Tú, desde otro dentro diferente
en el que entras de súbito
ves (agáchate un poco) por el agujero de la cerradura
ves
a una niña con un gurriato en la mano
golpeando   rítmicamente, con el dedo corazón
su cabeza hasta la muerte.
Ves
a un grupo de muchachos, ¿los conoces?,
rematando a pedradas en un callejón a un gato moribundo,
con cada pedrada un nuevo gemido, un nuevo estertor.
Ves
a un último niño al borde del precipicio
saltando al vacío

Una escopeta de caza

[No sigas. Para.]

MANÁ

Cinco o seis amigos frente a la Casa del Cura:
manos sucias, uñas mugrientas
y rodillas desnudas con postillas
de tanta y tanta calle. Greñas. Y un pelao.
Todos miráis hacia arriba, ¿qué esperáis?
«Pi, pilongas, pi…», arrugada la cara, los ojos achinados.

Al rato,
en lo más alto (os empieza a doler el pescuezo)
se abre el ventanuco de la troje,
rico ruido de madera vieja, «pi, pilongas, pi»,
y, como enmarcado en un cuadro de un museo,
asoma el rostro blanquísimo y terso
de la Señora Leonor, la madre del Cura. Detrás se intuye
el moño bajo, canoso.
Con cara de sota, sin decir ni pío
saca sus mangas negras de luto
y de sus *manos ojivales* entreabiertas
                       mana el maná
de las castañas secadas al sol. Van cayendo
                      del cielo
                      manantial
                      lluvia

Y abajo
hormigueo de niños, tú   [te veo]
cogiendo pilongas del suelo.

LIEBRE

Tu padre detiene el 4L
en mitad del camino de tierra.
                              Conteniendo la respiración
lo pone en punto muerto. Castañetea, luego, lento,
el freno de mano.
Rehila (nadie habla) el coche en ralentí
con un ronroneo ronco.

En frente, a tan solo unos pocos metros,
iluminada en mitad de la noche, deslumbrada
por la luz redonda de los dos faros,
os observa atónita, estática
una liebre de imposibles orejas largas.

Él echa el brazo hacia atrás, despacio,
y de tus pies coge —madera y hierro— la escopeta abierta.
La cierra con cuidado extremo. Suelta aire.
Quita el seguro y saca el cañón por la ventanilla. Inspira.
Se asoma un poco y lleva la culata hasta su hombro.
Encara. Guiña un ojo
          la liebre, el vientre blanco, el iris naranja,
          permanece ahí petrificada
y cuando arquea tu padre el índice para llevarlo al gatillo

es tu madre la que, invadida de una repentina revelación,
exclama, fuera de sí, rasgando con su voz
el silencio habitado de los campos,
exclama: «Conejito, no te quedes ahí, corre, huye, vive,
                                        vive».
Y la liebre le hace caso y desaparece, instantánea,

en el matorral ennegrecido.
                              En el túnel de luz
apenas pizcas marrones de polvo en suspensión.

Tu padre mira a tu madre, parpadea
y niega algo con la cabeza,
solo eso. Devuelve la escopeta a su sitio.
Intenta meter una marcha, mover el coche,
pero se le cala.
Suenan, ahora sí, grillos, y un mochuelo
y sapos en alguna laguna que hay cercana.

La noche, tu madre, suspiran de alivio.

La Lanchera

El abuelo ha estado orinando largamente
en el humilde retrete
construido sobre la reguera. Sale abrochándose el cinto
y luego coge de la pared
su bastón improvisado, definitivo,
un tubo de cartón de la tienda.
Desmenuza los terrones con cada paso,
se acerca a ti: estáis en La Lanchera
                    los higos cuello dama
                    las peras de donguindo
                    las uvas moscatel, nombres y apellidos
escudriña   los velados ojos azules
fruto, color, ternura, sazón, prueba una
y concluye que falta tiempo, días, calor.
Para la Virgen de agosto… Asientes.
Y aquí, ¿te das cuenta?, en este instante, agosto
se le extravía la mirada

[Nemesia   ulceramor   tumor   hemorragia   golf
taxi desahuciado a Villanueva   la frente
la aldabada en Navalcarnero   cerval   esa carretera
interminable, inconsolable
   ¡tantos desvelos!   y no las vio hacerse mujeres   hombre]

Se le extravía la mirada, al abuelo le gusta estar solo…
Suelta el bastón,   vuelve, vuelve, vuelve los ojos al suelo,
coge el zacho
y escarda un trozo de tierra inculta, inútilmente,
parece que traza una N.   [Era tan alegre]

64

Ya os vais
de vuelta a casa. Codo con codo.

Al pasar junto al Dauphine
abandonado bajo el roble,
a través del cristal polvoriento de la ventanilla, entreabierta,
en el asiento cochambroso del conductor,
veis cuatro huevos blancos de gallina, impolutos.

Verdascazo

Calleja arriba —los campanillos— se acerca
una piara de vacas, blancas y negras,
y entre ellas, enarbolando largas varas,
pueh, pueh
sobresalen un palmo las cabezas, te percatas,
de tu padre y de tu tío, de Marcial. Son vuestras vacas.
Con sus cuernos, sus colas espantamoscas
y sus ubres repletas.
Contoneándose un poco.
Las carean al tinao del Palacio. Al ordeño.

Tu padre, entonces, cuando te acercas,
te manda a voces —los campanillos, las pezuñas—
a algún recado.
Tú no contestas,
te mofas, haces burla y escarnio
de sus palabras. Las repites
con un retintín hiriente. Haces [tontísimo] una mueca.

Verdascazo   el silbido
fulminante   de tu tío
                        tu padre, si te fijas, ni se mueve.
Bambolea la cola una vaca.
El escozor afilado en tu nalga. Fulminante.

Sales corriendo
(otra vez, como alma que lleva el diablo)
llorando a lágrima viva. A casa. Otra vaca muge
                        ya en la lejanía.
A los brazos de tu madre. Empujas la puerta.

Está.
«Me quiero morir», le dices.
Ella te escucha, escuece, la rabia, te da una caricia
pero no dice nada.
Algo en tu cabeza no cuadra.

[Yo te digo, en este preciso instante en el que escribo:
cuánto bien, cuánto bien te hizo ese verdascazo. Créeme]

Ferias

Proyectada sobre la sábana blanca
del cine de verano
instalado rudimentariamente
en un rincón de la plaza, junto a la iglesia,
sube las escaleras, empavorecida, cuchillo en mano,
despeinada,
la jovencita rubia en gabardina
protagonista de *La noche de los muertos vivientes*.
Cuando, como salida de la nada,
se topa con la cabeza despellejada, sanguinolenta,
que sonríe grotescamente a cámara,
todos los que estáis ahí
gritáis como posesos, y luego
la carcajada, la risa histérica. Os encanta.

Antes, tú, tu prima, algún amigo
habéis montado en las barcas voladoras
(un chicle Cheiw en la boca)
y, remando con todas vuestras fuerzas al viento,
habéis volado, el aire caliente en la cara, en el pelo,
más allá de la torre y sus campanas:
no hay sensación comparable a esta.

Más tarde, seguro, cuando la peli acabe,
iréis, te apetece, al baile,
a la pista del Capi. Y ahí veréis,
con cierta envidia,
a las parejas bailar, agarrarse la cintura,
al ritmo de Jeanette, de su «Porque te vas».
Besarse, los más atrevidos, en la boca,

bajo la complicidad oscura de los olivos, del emparrado.

¿Y tú? ¿Tendrás beso? ¿Cadera? Lo dudas.
¡A qué sabrán los labios!
Eres tan torpe bailando.

En la pantalla
          —se te ha ido el santo al cielo—
los muertos comen vísceras humanas, manos,
el Sheriff y sus hombres
los van eliminando de un tiro
en la cabeza.
Al final, por error,
matan a Ben, un vivo, un inocente.
«Entre ceja y ceja, buen disparo».
The end.

Y ahora al baile.

TU ESPALDA, SU TAMBOR

Hay paz en sus rodillas. Tan cerca que casi las hueles.
Es hora de irse a acostar.
«Tan taran tan
que los higos son verdes», canta tu madre
                                        tu espalda, su tambor
«Tan taran tan
que ya madurarán».
Veintidós.
De agosto, veintidós. Hoy cumples años. Once.

Tu madre, en el corral, caída ya la tarde,
vencido ya el calor sofocante,
sobre la mesita baja de granito,
puso el mantel redondo y rojo
con florecitas de hojas y tallos azules, y círculos amarillos.
Y cuatro servilletas a juego. También redondas.
«Aceitera, vinagrera, ras con ras».
Llegaron (te habías atrevido a invitarlos)
los hermanos Te y Jota
por la puerta de atrás,
con sus carrillos quemados, su pelo estoposo, sus dedos
llenos de callos.
Y sus alpargatas con barro seco.
Comisteis sándwiches, triangulares.
Y tarta con Pepsi Cola.
Hablasteis poco.   (Eres el hijo de la maestra)
Te dio vergüenza del mantel.
«Amagar y no dar».
Soplaste las velas. Al rato se fueron. Tus dos amigos.
Tú te quedaste un momento solo bajo el limonero.
«Dar sin reír. Dar sin hablar».

Tu madre sigue (ahora) con su tantarantán. En tu espalda.
Se acerca, lo intuyes, el fin. El broche.
Y tú, le pides, a Dios,
al Dios al que rezas cada noche,
que no pronuncie nunca,
ella,
«un pellizquito en el culo»   [ay, tu risa]
el verso final:
y a acostar, acostar.

TRES DE AGOSTO

Acaba de suceder
y ya noto tu ausencia, el vacío,
la pérdida de la emoción   a mi alrededor,
la rotura del encantamiento,
la ruina del instante sagrado, eterno,
el cese, acaso, del incesante estremecimiento.

Te has ido a acostar
                            ¡ojalá tengas dulces sueños!
y yo
aquí sigo, despierto,
escribiendo el que ha de ser
el último poema.

Debo soltar tu mano
y recorrer a solas este trecho final.

[Miro atrás y veo
entre los jaramagos
un paisaje en ruinas, el de mi infancia,
(yo también, confieso, he ido, voy
en busca del tiempo perdido)
veo
la memoria vidriosa, emborronada, los escombros
de mis recuerdos. Lo que creo que sentí,
mi fragmentada, desbaratada verdad. Es todo lo que tengo.

He llamado, desde luego,
a mi puerta con la aldaba, se ha deslizado el cerrojo,

pero, honestamente, no sé si ahí, paciente, esperaba
la respuesta.

Es día tres de agosto del año dos mil veintidós,
ahí fuera, tras la ventana, el calor se derrama
como una sopa seca, espesa
sobre las cosas.
He bajado la persiana, he corrido las cortinas,
encendido el flexo,
                    imagino, solo eso, ahí fuera,
el aire enhebrado de abejas. Escucho,
y solo oigo un terco chicharreo.

Doy gracias de corazón por estar vivo,
por *permanecer en el don de estar vivo*, Steindl-Rast,
por haber vivido, por vivir, el horror
              la belleza estremecedora, sobrecogedora
de la vida. Por la bondad
que se cuela, ¿no la veis?, por todas partes. Por el misterio,
por el tiempo que todavía queda.

No es por azar que hoy sea tres de agosto]

.   .   .

Te dejo, niño, en fin, ya tranquilo
en ese runrún de la infancia. Me despido.
Prometo, eso sí, visitarte a menudo,
acercarme hasta la lumbre,
sentarme en el tajo de ordeño.

Plasencia, 3 de agosto de 2022

Agradecimientos

A Marisa Martín Luengo, por haberme llevado de la mano hasta la quietud, la soledad y el silencio que necesitaba para escribir estos versos.

A Alma Gómez Andrés y Manuel Curiel Arroyo, por su lectura generosa del manuscrito.

A Basilio Sánchez, por abrigar este tembloroso campo de jaramagos con sus, siempre, profundas palabras.

Y a RIL editores y Paco Najarro, por dar luz.

ÍNDICE

Este libro se terminó de imprimir
en octubre de 2025

RIL® editores • España

europa@rileditores.com

Se utilizó tecnología de última generación que reduce el im-
pacto medioambiental, pues ocupa estrictamente el papel
necesario para su producción, y se aplicaron altos estánda-
res para la gestión y reciclaje de desechos en toda la cadena
de producción.